Elogium Musicum
amatissimi amici nunc remoti

I. *Accipiter*

Luges tu?
Scis adhuc, erant olim accipitres duo,
alites vi celerrima nitidi.
Eorum memoria me tenet.
Memini,
tristissimam diem memini.
Alter ob infestum fatum ictus est,
transfictus, laceratus,
caelo deiectus ab alto.
Passis sicut flabellis alis
in arenam concidit atram,
ruber, frigidus, exanimis.
Alter solus evolavit in noctem,
sine te, orbatus.

II. *Nox*

Vae mihi! Vox sonantior
ploratu pavoris, eiulatu horroris...
Fausto Ubaldo,
omnium pulcherrime
a fabularum sedibus,
ubi nunc es? quo gentium abisti?
Vultures, fuscae cornices,
atrae beluae, stridentes et minaciter truces.
Tremit metu terra,
tremula populus sicut argentea lilia,
eruptiones, ruinae atroces, nocturni stridores,
desertus est mundus,
infinite desertus,
durus, caecus.

III. *Cicadae*

Sol fulget, flagrat aestas, cantant cicadae,

Chorus mulierum
(constanter et continue usque ad finem, submisse incipiunt, postea voces concitant)
Zika, zika, casa, lascha, pascha, kosima
Sinus triste trillo schrillo
singen scherzen schreien zetern zucken Zimt

Chorus virorum
Vos, puellae carae, nunc nobis aures date,
nostrum carmen personat, gest(a) amœna narrans:

sane vos nudabimus, grata pollicemur,
mill(e) in claros spiritus sic vos convertemus.

usque ad molestiam, ad intolerabile tædium strident, strepunt.

Ad cicadam loquitur Fausto,
Fausto, rex arborum et florum, rex silvarum,
gravi voce,
unum verbum dicit: BASTA!
Subita silentia, pax perfecta.

IV. *Adagio*

Suavis teneritudo,
visio puerorum, qui pulchri sunt sicut sacrae effigies, oculi ex opalo, nigrae pardales,
recessus abditus quietus,
religiosa quies convestit totum mundum, lucem diei, solis novam claritatem,
qua aquilae volitant, alaudae, hirundines,
multum canentes multas grates, in gaudiis, in peccatis.
Deus nos laudat et nos Deum, Deo gratias agimus,
qui nobis gratiam persolvit.

Franco Serpa

Lobgesang
auf einen sehr geliebten Freund, der nun weit entfernt ist

I. *Der Falke*

Weinst du?
Erinnerst du dich noch? Es gab einmal zwei Falken,
wunderbare Vögel schnellster Kraft.
Die Erinnerung daran, die fesselt mich.
Ich erinnere mich,
erinnere mich an einen traurigsten Tag.
Einer der beiden wurde durch ein feindliches Schicksal getroffen,
durchschossen, zerfetzt,
vom hohen Himmel herunter geschleudert.
Die Flügel geöffnet wie Fächer
fiel er in den dunklen Staub
rot, kalt, leblos.
Der andere flog weg in die Nacht,
ohne dich, alleine.

II. *Die Nacht*

Wehe mir! Eine Stimme, klangvoller
als ein Angstschrei, als ein klagender Schrei des Entsetzens …
Fausto Ubaldo …
Von allen der Schönste,
aus dem Land der Mythen,
wo bist du nun? In welches Land bist du gegangen?
Geier, dunkle Krähen
Düstere Raubtiere, zischend und drohend grimmig.
Es bebt angstvoll die Erde,
eine Pappel zittert wie silberne Lilien,
Ausbrüche, entsetzliche Trümmer, nächtliches Kreischen,
die Welt ist wüst
unendlich wüst,
grausam, blind.

III. *Zikaden*

Die Sonne entflammt, der Sommer brennt, die Zikaden tönen wieder.

Frauenchor
(Gleichmäßig und ununterbrochen bis ans Ende, fangen sie leise an, dann erheben sich die Stimmen)
Zika, Zika, lascha, pascha, kosima
Seno triste trillo schrillo
Sie singen, scherzen schreien zetern zucken Zimt…………………………..

Männerchor
Ihr, geliebte Mädchen, hört nun auf uns.
Euer Lied ertönt, heitere Geschichten erzählend:
Wir werden euch ganz ausziehen, wir versprechen euch willkommene Geschenke
So werden wir euch in tausend reine Geister verwandeln

Bis zum Überdruss, zum nichtauszuhaltenden Ekel, zirpen und erschallen sie

Fausto wendet sich an die Zikaden
Fausto König der Bäume und der Blumen, König der Wälder
Mit feierlicher Stimme
Sagt ein einziges Wort: BASTA!
Plötzliche Stille, völliger Friede.

IV. *Adagio*

Süße Zärtlichkeiten
Der Anblick Jugendlicher, die schön sind wie heilige Bilder
                    Augen wie Edelsteine, stürmische Panther
Unheimliche ruhige Zuflucht.
Eine heilige Ruhe umhüllt die ganze Welt, Tagesglanz
                    Prachtvolle Helligkeit der Sonne

Wo Adler, Lerchen und Schwalben fliegen
die immer singen, viele Danksagungen in den Genüssen und in den Sünden
Gott lobt uns und wir loben Gott,
der uns die Gnade erwidert.

Franco Serpa
aus dem Lateinischen von Eduard Wolken

A Musical Eulogy

in praise of a best beloved now far away

I *The Falcon*

Do you weep?
Know this: there were once two falcons
Shining birds of fleetest force
They are etched on my memory.
I remember, oh I remember, that saddest of days.
One of them was struck down by outrageous fortune
Shot through, shred to pieces,
Thrown down from high heaven
With wings spread, unwillingly, fan-like,
Red, cold, lifeless, he crashed into the dark sand.
The other flew off, bereaved, into the night without you.

II *The Night*

I am done for!
A voice sounds out with a fearful cry, with a shriek of dread ...
Fausto Ubaldo,
You, the comeliest of all from the mansions of legend,
Where are you now? To whom have you departed?

Vultures, dark crows, black menacing monsters raucously cawing.
The earth shudders with terror,
The poplar tree trembles like silver lilies.
Eruptions, ghastly ruination, nocturnal groaning,
The world is laid waste,
Irretrievably wasted,
Unyielding, blind.

III *The Crickets*

The sun flames. The summer blazes. The crickets sing.

Chorus of women
(Constantly and continuously right to the end. They begin softly, later their voices become agitated.)
Zika Zika casa, lascha, pascha, kosima
Sinus triste trillo schrillo
They sing, they joke, they shout, they clamour, they start...... [*all nonsense*]

Chorus of men
You, dear maidens, now lend us your ears,
Our song sounds out, telling of delightful deeds:
Indeed we will lay you bare, we will promise you pleasures
Thus will we change you into a thousand shining spirits.

On and on they rattle, buzzing their way to vexation and loathsome unbearable tedium

Fausto speaks to the crickets
Fausto, the king of trees and flowers, the king of the woods
In a deep voice he utters one word: BASTA! [*Enough!*]

Suddenly there is silence, perfect peace.

IV *Adagio*

Sweet tenderness
The sight of young men, beautiful as sacred images, eyes of opal, black she-panthers,
A secret tranquil retreat,
Religious repose covers the whole world and the light of day and the new brilliancy of the sun,
Where eagles fly, and larks and swallows
Always chanting many thanksgivings, in joys, in sins.
God praises us, and we praise God, we give thanks to God
Who gives us grace.

Franco Serpa
translated by John Walters

Besetzung – Abkürzungen
Instrumentation – abbreviations

Woodwind	Holzblasinstrumente	Hlz.
Flute	Flöte	Fl.
Alto flute	Altflöte	Altfl.
Bass Flute	Bassflöte	Bassfl.
Piccolo	Pikkoloflöte	Pikk.
Clarinet in B flat	Klarinette in B	Kl.
Bass Clarinet	Bassklarinette	Basskl.
Alto Saxophone	Altsaxophon	Sax.
Oboe	Oboe	Ob.
Cor Anglais	Englisch Horn	E.H.
Heckelphone	Heckelphon	Hck.
Bassoon	Fagott	Fg.
Contrabassoon	Kontrafagott	Kfg.
Brass	Blechblasinstrumente	Blech.
Horn	Horn	Hr.
Trumpet	Trompete	Tr.
Trombone	Posaune	Pos.
Wagner Tuba	Wagner Tuba	W. Tuba
Tuba	Tuba	Tb.
Strings	Streichinstrumente	Str.
Violin	Violine	Vl.
Viola	Viola	Vla.
Violoncello	Violoncello	Vc.
Double bass	Kontrabass	Kb.
Harp	Harfe	Hrf.
Piano	Klavier	Klav.
Celesta	Celesta	Cel.
Percussion	Schlagzeug	Schlzg.
Timpani	Pauken	Pauk.
Vibraphone	Vibraphon	Vibr.
Marimba	Marimba	Mar.
Glockenspiel	Glockenspiel	Glsp.
Tom-toms	Tom-toms	T-toms.
Bass Drum	Große Trommel	Gr. Tr.

In dieser Partitur:

Ein Vorzeichen gilt nur für die Note, vor der es steht.
Ein Bindebogen wird durch eine horizontale Linie gekennzeichnet.

In this score:

An accidental applies only to the note it immediately precedes.
A tie is indicated by a horizontal line.

für Riccardo Chailly, den MDR Rundfunkchor und das Gewandhausorchester zu Leipzig

ELOGIUM MUSICUM
amatissimi amici nunc remoti

Hans Werner Henze

I. Accipiter

4

-ra - tus, cae - lo de - iec - tus ab al - to.
-ra - tus,_____ cae - lo de - iec - tus ab al - to.
cae - lo de - iec - tus ab al - to.
a!_____ cae - lo de - iec - tus ab al - to.
cae - lo de - iec - tus ab al - to.

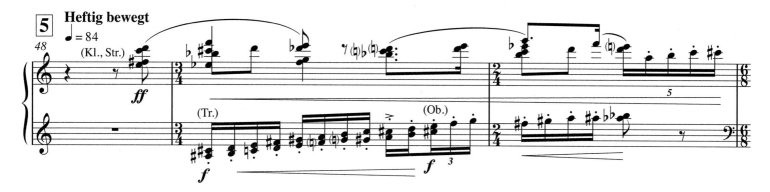

5 **Heftig bewegt**
♩ = 84
(Kl., Str.)
(Tr.)
(Ob.)

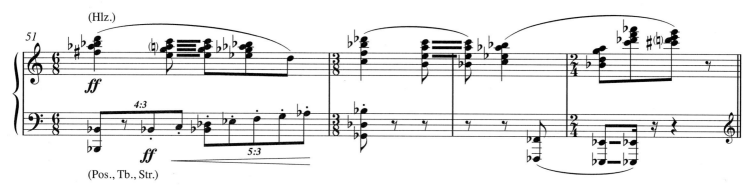

(Hlz.)
(Pos., Tb., Str.)

II. Nox

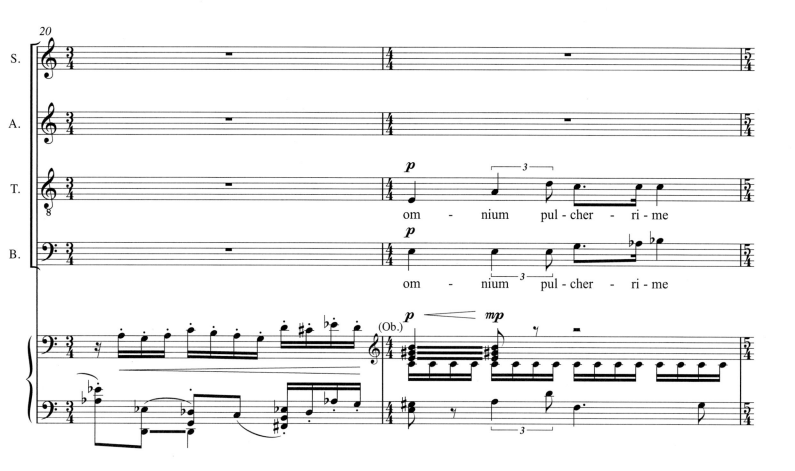

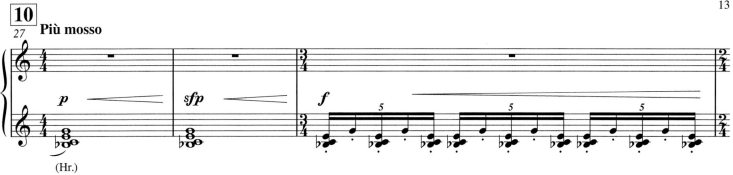

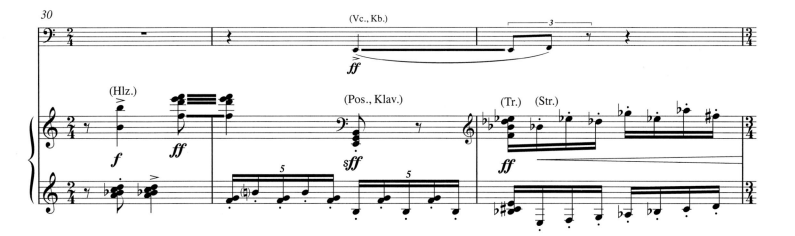

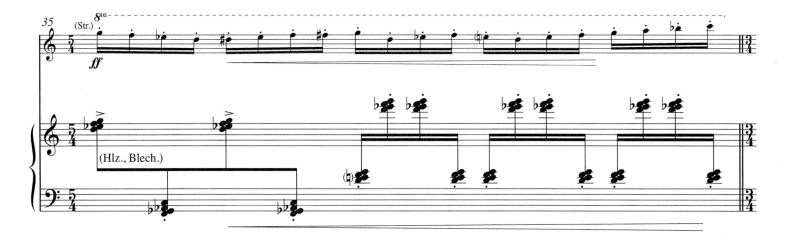

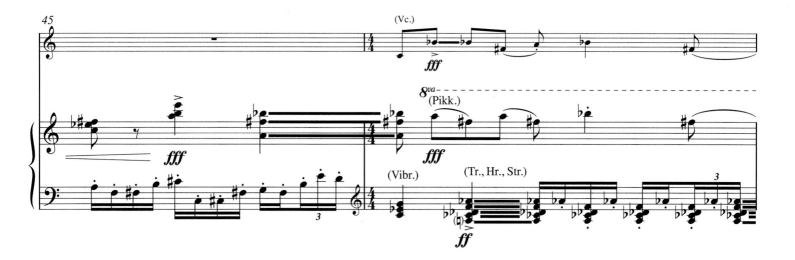

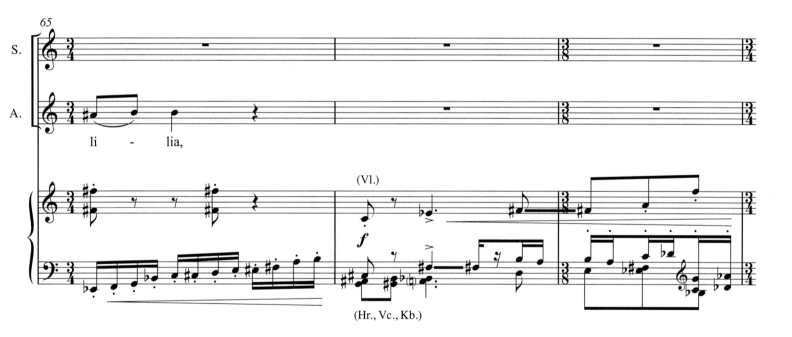

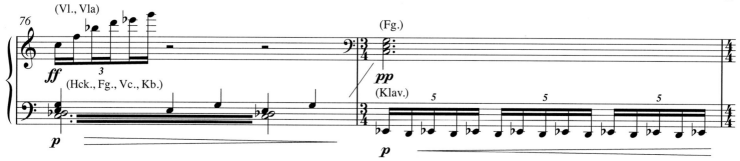

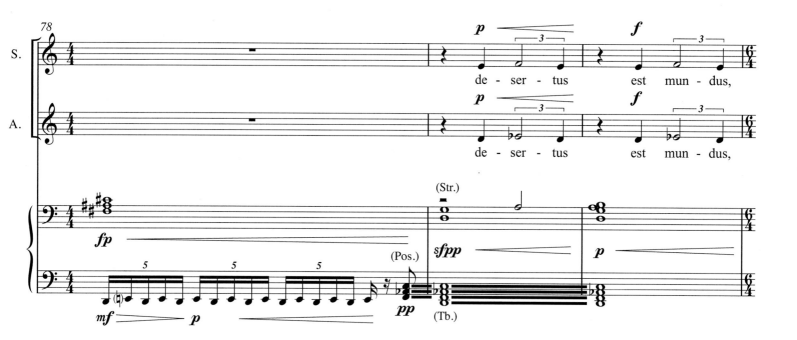

III. Cicadae

Leggermente più mosso

T. *mill(e)   in   cla - ros   spi - ri - tus   sic____   vos____*

B. *mill(e)   in   cla - ros   spi - ri - tus   sic____   vos____*

T. *con - - ver - - - te - - - mus____*

B. *con - - ver - - - te - - - mus____*

23 (♩ = 88)

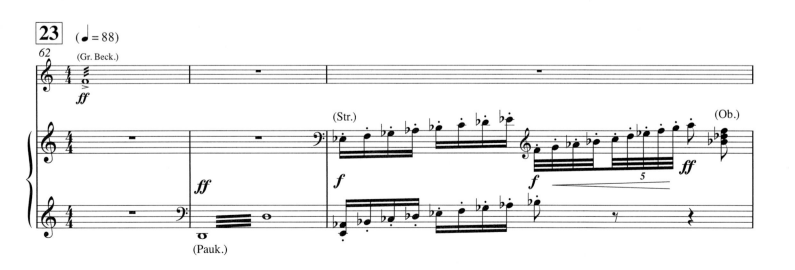

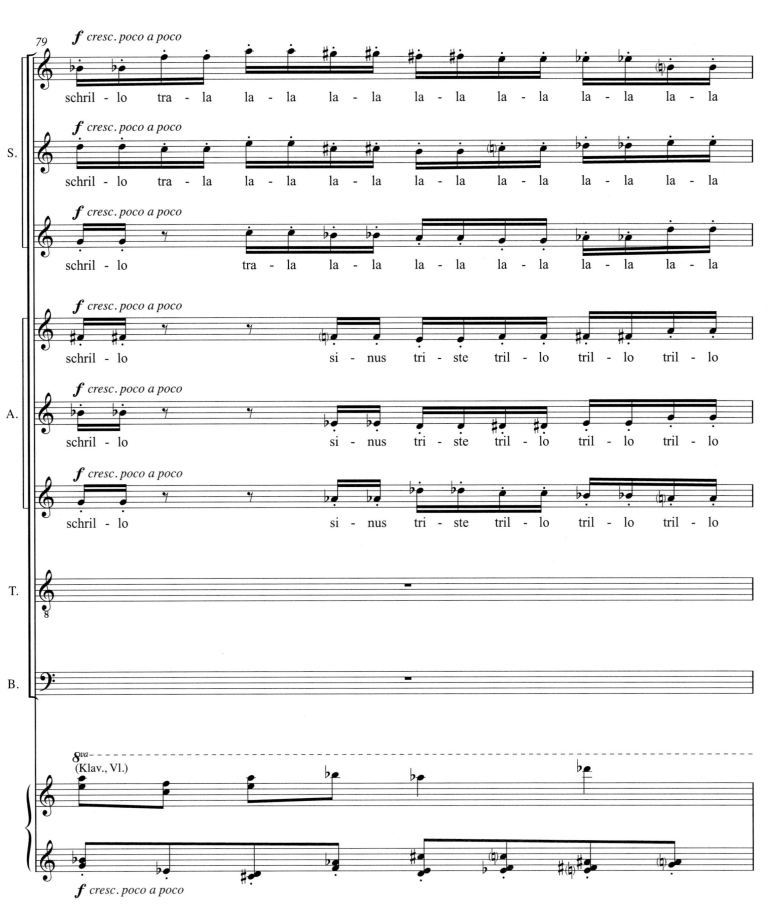

37

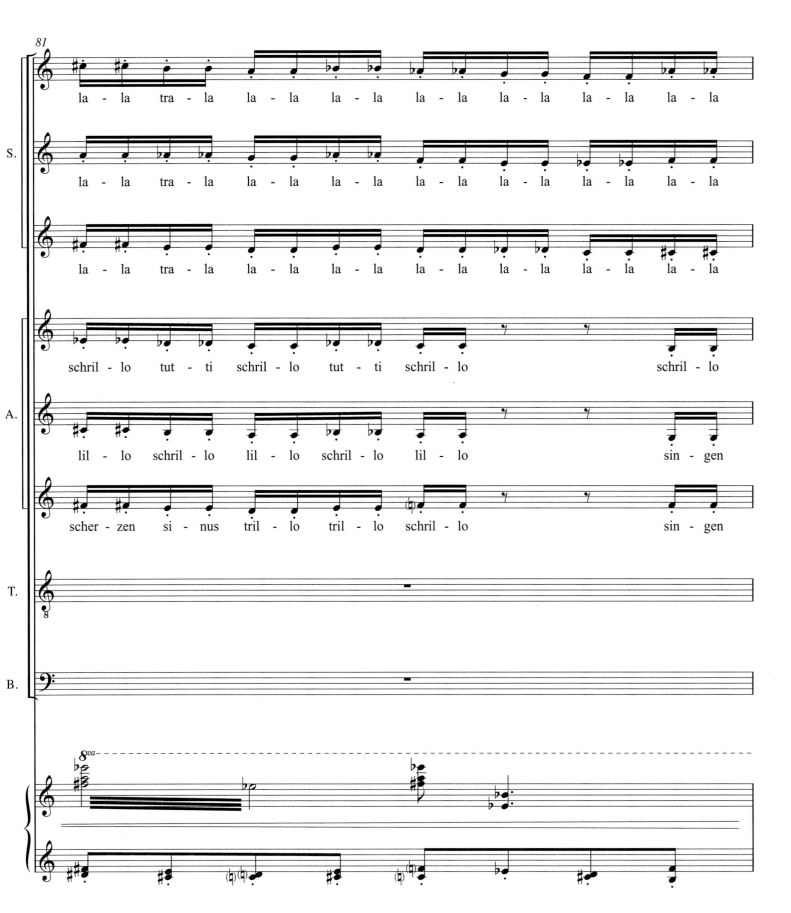

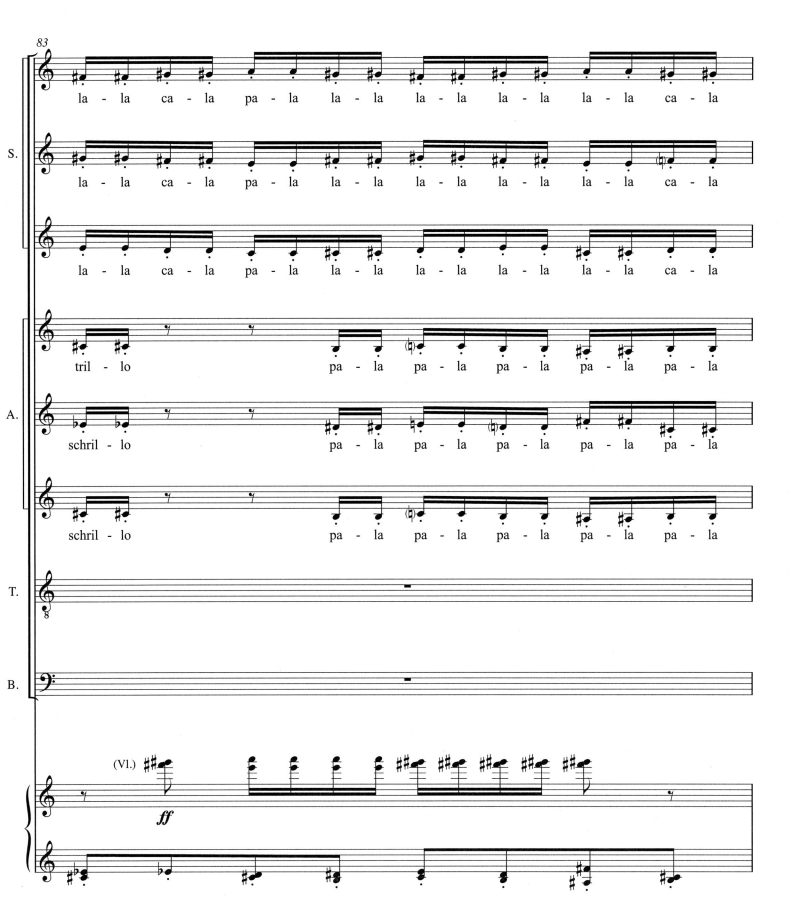

IV. Adagio

44

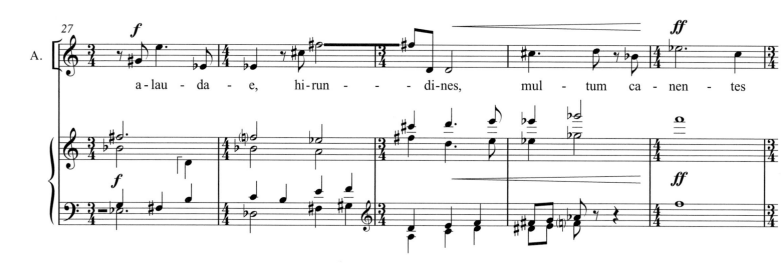

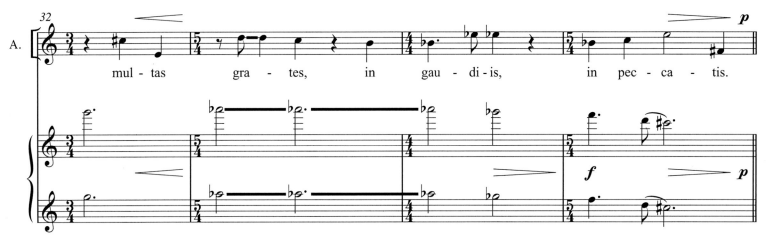

A.

mul - tas gra - tes, in gau - di - is, in pec - ca - tis.

30 Lento ♩ = 69

(Sax.)

(Fl.)

(E.H.)

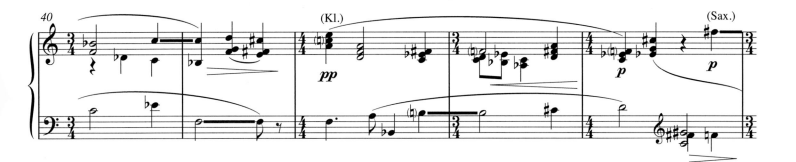

(Kl.)

(Sax.)

S.
A.

T.
B.

(Fg.)

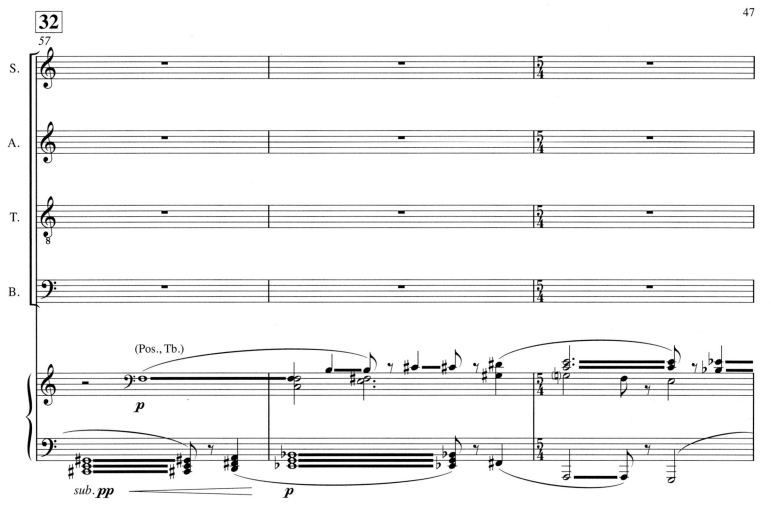

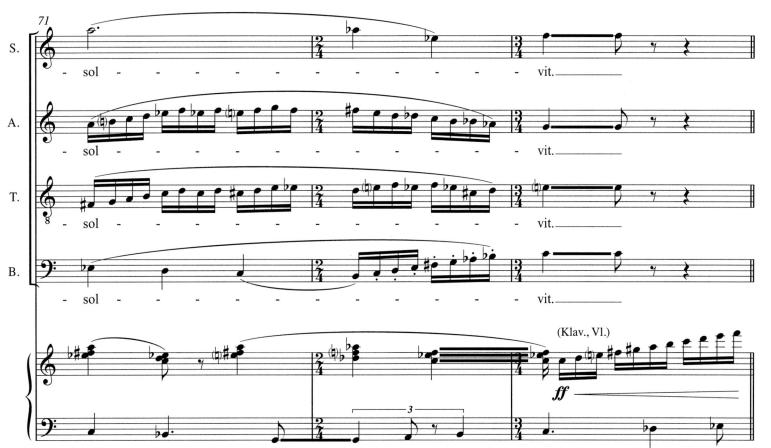

34 **Meno mosso**

35

Marino, 17/2/08

CH73557-01
ISBN 978-1-84772-795-4

Music setting by Raimonds Zelmenis

© 2013 Chester Music Ltd
Published in Great Britain by Chester Music Limited

Head office:
14–15, Berners Street,
London W1T 3LJ
England

Tel +44 (0)20 7612 7400
Fax +44 (0)20 7612 7549

Sales and hire:
Music Sales Distribution Centre,
Newmarket Road,
Bury St. Edmunds,
Suffolk IP33 3YB
England

Tel +44 (0)1284 702600
Fax +44 (0)1284 768301

www.musicsalesclassical.com